Impressum
Verlag: BABADADA GmbH, Nedderfeld 112 , 22529 Hamburg
Geschäftsführer / Verlagsleitung: Harald Hof
Druck: Books on Demand GmbH, In de Tarpen 42, 22848 Norderstedt

Imprint
Publisher: BABADADA GmbH, Nedderfeld 112 , 22529 Hamburg, Germany
Managing Director / Publishing direction: Harald Hof
Print: Books on Demand GmbH, In de Tarpen 42, 22848 Norderstedt, Germany

la escuela

škola

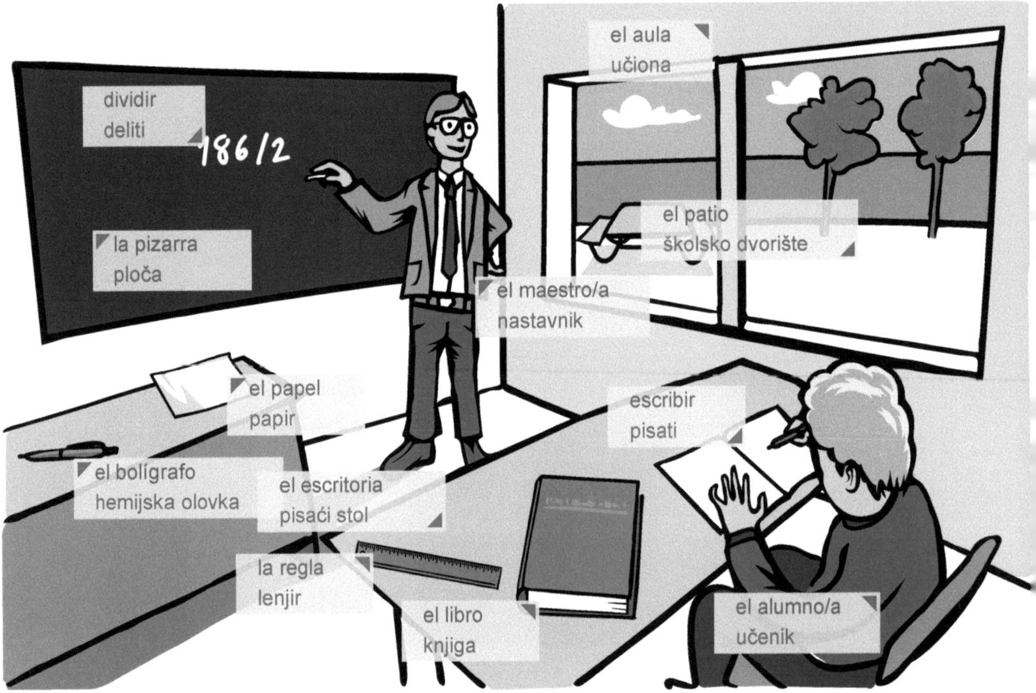

el aula
učiona
dividir
deliti
186/2
la pizarra
ploča
el patio
školsko dvorište
el maestro/a
nastavnik
el papel
papir
escribir
pisati
el bolígrafo
hemijska olovka
el escritoria
pisaći stol
la regla
lenjir
el libro
knjiga
el alumno/a
učenik

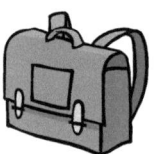

la cartera
torba

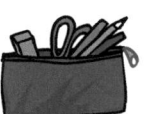

la caja de lápices
pernica

el lápiz
grafitna olovka

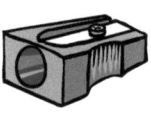

el sacapuntas
šiljilo za olovke

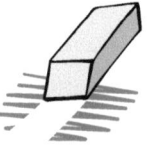

la goma de borrar
gumica za brisanje

el cuaderno de dibujo
blok za crtanje

el dibujo

crtež

el pincel

kist

la caja de pinturas

kutija sa bojama

las tijeras

makaze

el pegamento

lepilo

el cuaderno de ejercicios

beležnica

los deberes

domaći zadatak

el número

broj

sumar

sabirati

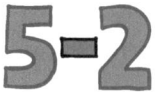

restar

oduzimati

multiplicar

množiti

calcular

računati

la letra

slovo

el alfabeto

abeceda

la palabra

reč

el texto

tekst

leer

čitati

la tiza

kreda

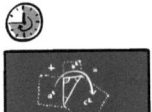

la lección

čas

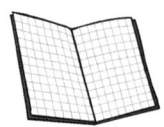

el cuaderno de notas

dnevnik

el examen

ispit

el certificado

svedočanstvo

el uniforme

školska uniforma

la educación

obrazovanje

la enciclopedia

leksikon

la universidad

univerzitet

el microscopio

mikroskop

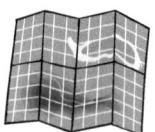

el mapa

karta

la papelera

košara za papir

el viaje
putovanje

el hotel
hotel
Grand
el albergue
prenoćište
ROOMS
a oficina de cambio de divisas
menjačnica
EXCHANGE
la maleta
kofer
el coche
auto

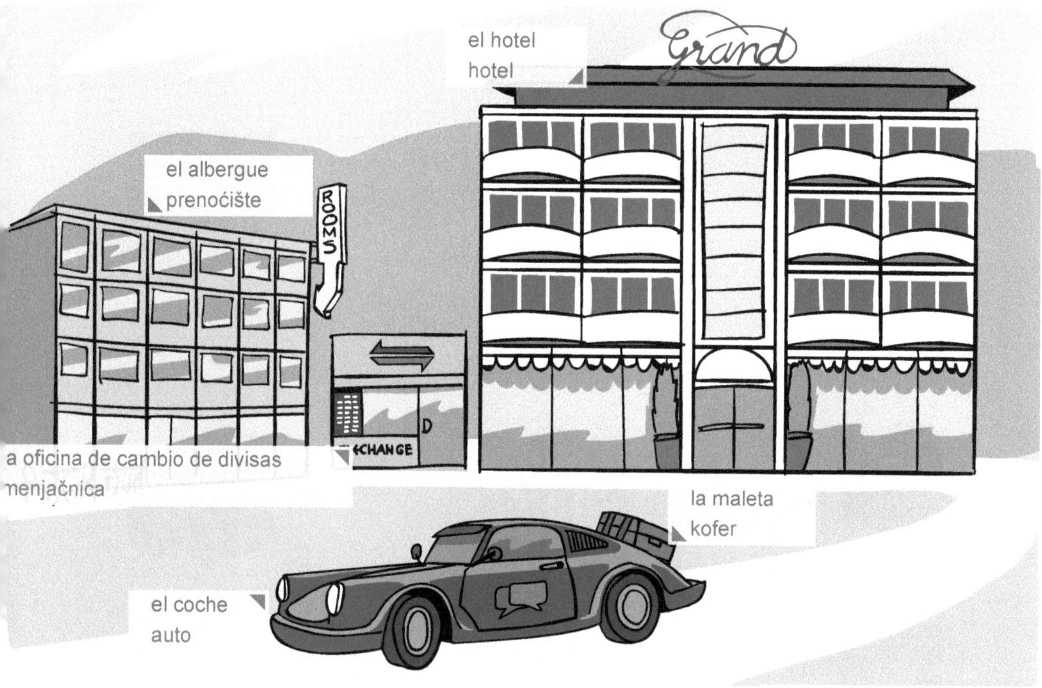

el idioma
jezik

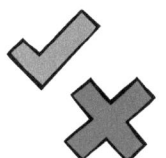

sí / no
da / ne

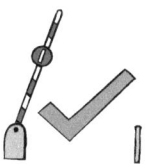

Vale
okej

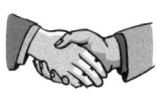

hola
zdravo

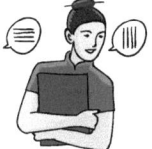

el traductor
prevodilac

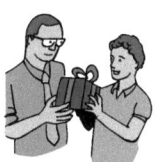

Gracias
hvala

¿cuánto es...?

Koliko košta...?

No entiendo

ne razumem

el problema

problem

¡Buenas tardes!

dobro veče!

¡Buenos días!

Dobro jutro!

¡Buenas noches!

Laku noć!

adiós

doviđenja

la dirección

smer

el equipaje

prtljaga

la bolsa

torba

la mochila

ruksak

el invitado

gost

la habitación

soba

el saco de dormir

vreća za spavanje

la tienda de campaña

šator

la información turística

turističke informacije

la playa

plaža

la tarjeta de crédito

kreditna kartica

el desayuno

doručak

el almuerzo

ručak

la cena

večera

el billete

karta za vožnju

el ascensor

lift

el sello

poštanska markica

la frontera

granica

la aduana

carina

la embajada

ambasada

la visa

viza

el pasaporte

pasoš

el transporte

transport

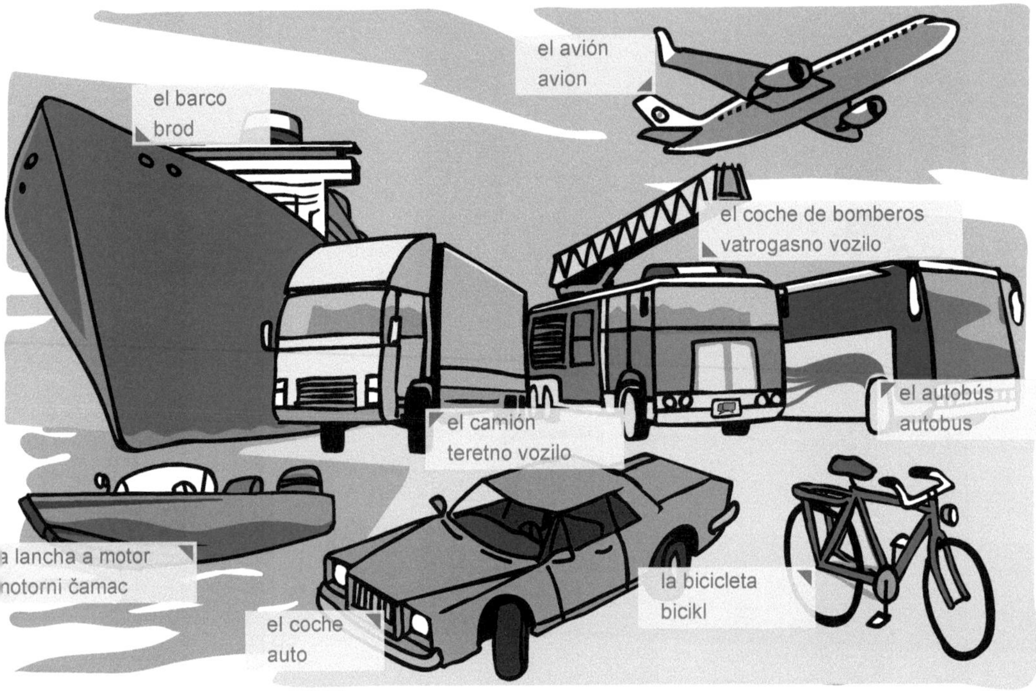

el avión
avion
el barco
brod
el coche de bomberos
vatrogasno vozilo
el autobús
autobus
el camión
teretno vozilo
a lancha a motor
notorni čamac
la bicicleta
bicikl
el coche
auto

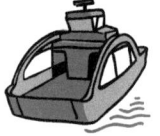

el transbordador

trajekt

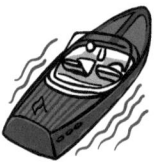

la barca

čamac

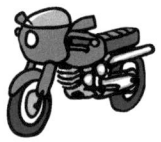

la moto

motocikl

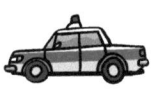

el coche de policía

policijski auto

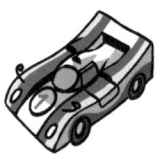

el coche de carreras

trkaći auto

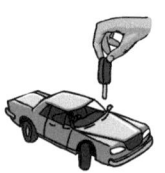

el coche de alquiler

iznajmljeno auto

el préstamo de vehículos

delenje automobila

la grúa

vučno vozilo

el camión de la basura

vozilo za odvoz smeća

el motor

motor

la gasolina

benzin

la gasolinera

benzinska stanica

la señal de tráfico

saobraćajni znak

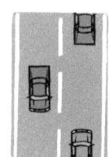

el tráfico

saobraćaj

el atasco

zastoj

el aparcamiento

parkiralište

la estación de tren

železnička stanica

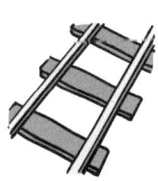

las vías

šine

el tren

voz

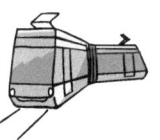

el tranvía

tramvaj

el vagón

vagon

el helicóptero

helikopter

el aeropuerto

aerodrom

la torre

kula

el pasajero

putnik

el contenedor

kontejner

la caja de cartón

karton

la carretilla

kolica

la cesta

korpa

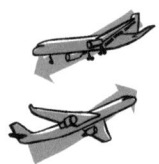

despegar / aterrizar

uzleteti / sleteti

la ciudad

grad

el pueblo

selo

el centro de la ciudad

centar grada

la casa

kuća

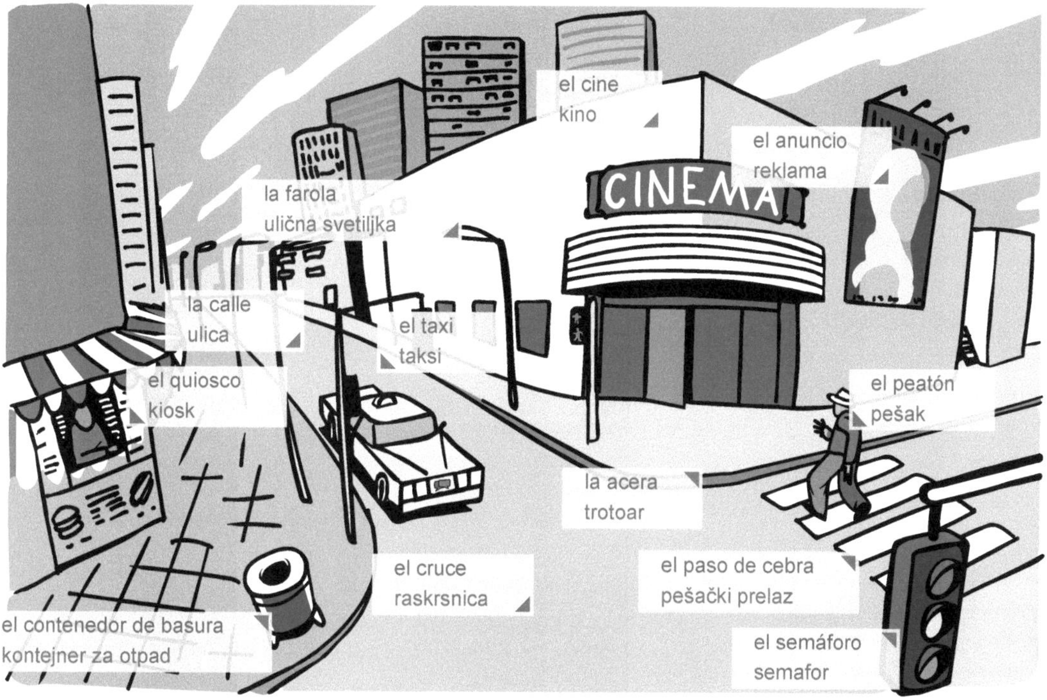
el cine
kino
el anuncio
reklama
CINEMA
la farola
ulična svetiljka
la calle
ulica
el taxi
taksi
el quiosco
kiosk
el peatón
pešak
la acera
trotoar
el cruce
raskrsnica
el paso de cebra
pešački prelaz
el contenedor de basura
kontejner za otpad
el semáforo
semafor

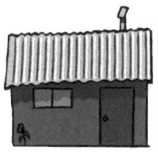

la cabaña

koliba

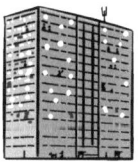

el apartamento

stan

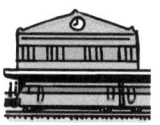

la estación de tren

železnička stanica

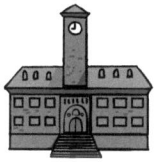

el ayuntamiento

većnica

MUSEUM

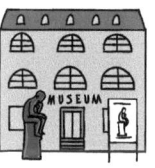

el museo

muzej

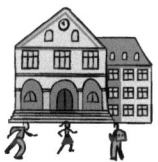

la escuela

škola

la universidad

univerzitet

el banco

banka

el hospital

bolnica

el hotel

hotel

la farmacia

apoteka

la oficina

kancelarija

la librería

knjižara

la tienda de campaña

prodavnica

la floristería

cvećara

el supermercado

supermarket

el mercado

trg

los grandes almacenes

robna kuća

la pescadería

ribarnica

el centro comercial

trgovački centar

el puerto

luka

el parque

park

el banco

klupa

el puente

most

las escaleras

stepenice

el metro

podzemna železnica

el túnel

tunel

la parada de autobús

autobuska stanica

el bar

bar

el restaurante

restoran

el buzón

poštansko sanduče

el poste indicador

ulični znak

el parquímetro

parkirni automat

el zoo

zoološki vrt

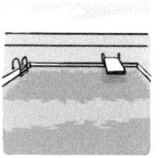

la piscina

bazen

la mezquita

džamija

la granja

seosko gazdinstvo

la contaminación

zagađenje okoline

el cementerio

groblje

la iglesia

crkva

el patio de juego

igralište

el templo

hram

el paisaje
pejsaž

la hoja
list

la señal
putokaz

el camino
put

el prado
livada

la piedra
kamen

el árbol
drvo

el excursionista
šetač

el río
reka

la hierba
trava

la flor
cvijet

el valle

dolina

la colina

planina

el lago

jezero

el bosque

šuma

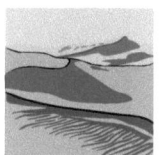

el desierto

pustinja

el volcán

vulkan

el castillo

dvorac

el arcoíris

duga

el champiñón

gljiva

la palmera

palma

el mosquito

moskito

la mosca

muva

la hormiga

mrav

la abeja

pčela

la araña

pauk

el escarabajo

buba

la rana

žaba

la ardilla

veverica

el erizo

jež

la liebre

zec

la lechuza

sova

el pájaro

ptica

el cisne

labud

el jabalí

divlja svinja

el ciervo

jelen

el alce

los

la presa

nasip

la turbina eólica

vetrenjača

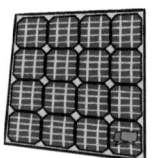

el panel solar

solarna ploča

el clima

klima

el restaurante
restoran

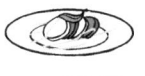

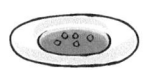

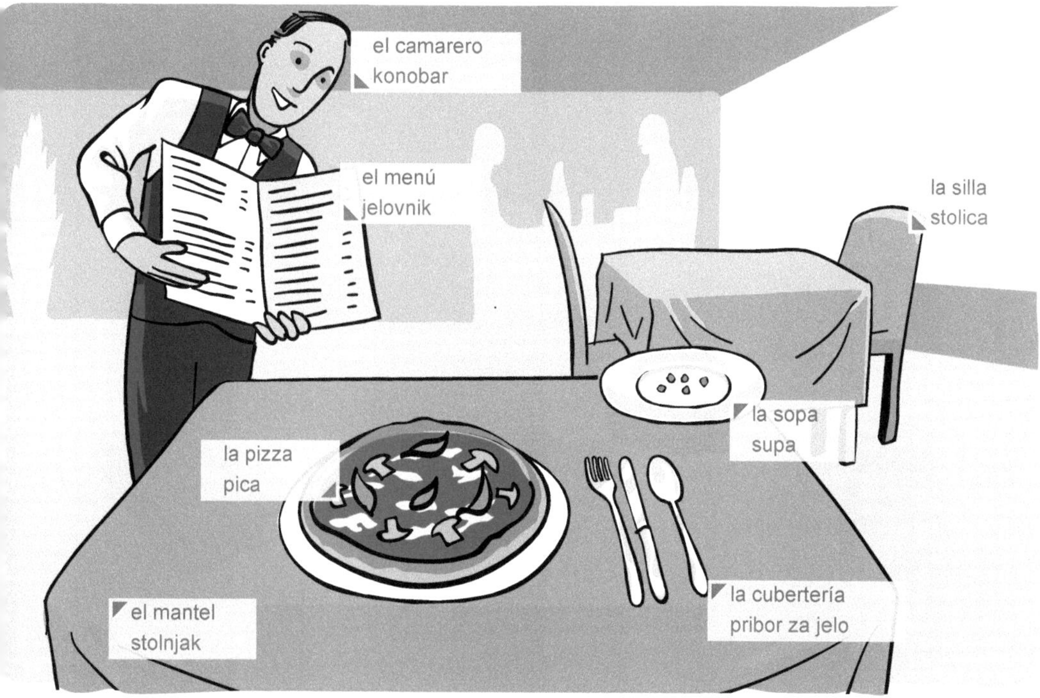

el camarero
konobar
el menú
jelovnik
la silla
stolica
la sopa
supa
la pizza
pica
la cubertería
pribor za jelo
el mantel
stolnjak

el primer plato
predjelo

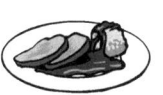

el plato principal
glavno jelo

el postre
desert

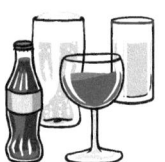

las bebidas
napitci

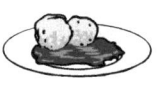

la comida
jelo

la botella
flaša

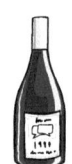

la comida rápida

brza hrana

la comida callejera

imbis hrana

la tetera

čajnik

el azucarero

doza za šećer

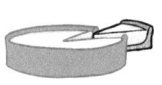

la porción

porcija

la cafetera expreso

aparat za espresso

la trona

visoka stolica

la cuenta

račun

la bandeja

poslužavnik

el cuchillo

nož

el tenedor

viljuška

la cuchara

kašika

la cucharilla

čajna kašika

la servilleta

salveta

el vaso

čaša

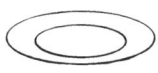

el plato

tanjir

el plato hondo

tanjir za supu

el platillo

tanjirić

la salsa

sos

el salero

soljenka

el molinillo de pimienta

mlin za biber

el vinagre

sirće

el aceite

ulje

las especias

začini

el ketchup

kečap

la mostaza

senf

la mayonesa

majoneza

el supermercado
supermarket

la oferta especial
ponuda
FOR
el cliente
kupac
los lácteos
mlečni proizvodi
la fruta
voće
el carro de compra
kolica za kupovinu

BUTCHERS

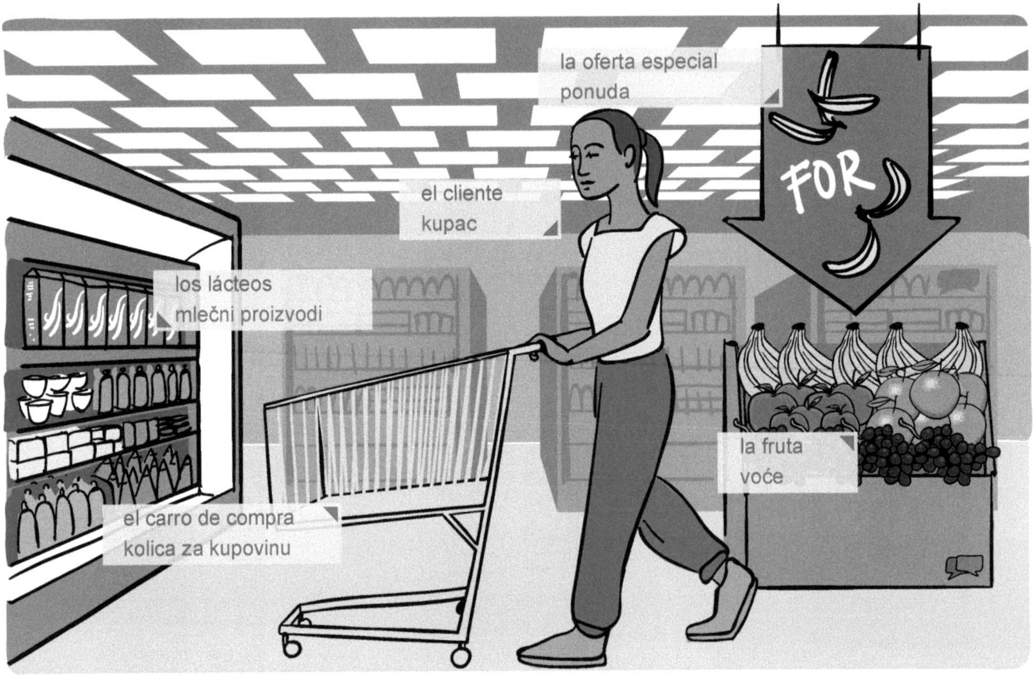

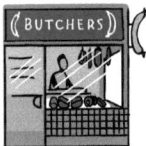

la carniceria

mesnica

BAKERY

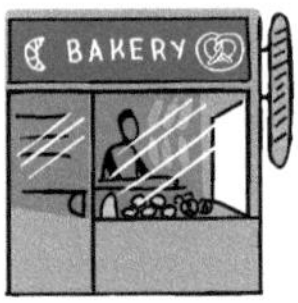

la panadería

pekara

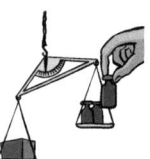

pesar

vagati

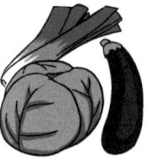

las verduras

povrće

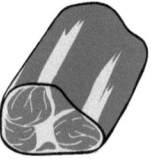

la carne

meso

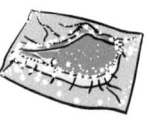

los alimentos congelados

smrznuta hrana

los fiambres

narezak

las conservas

konzerve

el detergente en polvo

sredstvo za pranje

los dulces

slatkiši

productos de uso doméstico

artikli za domaćinstvo

productos de limpieza

sredstva za čišćenje

la vendedora

prodavačica

la caja de cartón

blagajna

el cajero

blagajnik

la lista de la compra

lista za kupovinu

el horario de atención al público

vreme rada

la cartera

novčanik

la tarjeta de crédito

kreditna kartica

la bolsa de plástico

torba

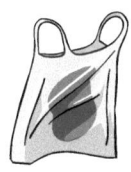

la bolsa de plástico

plastična kesa

el agua

voda

el zumo

sok

la leche

mleko

la cola

kola

el vino

vino

la cerveza

pivo

el alcohol

alkohol

el cacao

kakao

el té

čaj

el café

kava

el expreso

espresso

el capuchino

cappuccino

el plátano

banana

la manzana

jabuka

la naranja

narandža

el melón

lubenica

el limón

limun

la zanahoria

šargarepa

el ajo

beli luk

el bambú

bambus

la cebolla

luk

el champiñón

gljiva

las avellanas

orašasti plodovi

los fideos

rezanci

las espagueti

špagete

el arroz

riža

la ensalada

salata

las patatas fritas

pomfrit

las patatas fritas

pečeni krumpir

la pizza

pica

la hamburguesa

hamburger

el sándwich

sendvič

el filete

šnicla

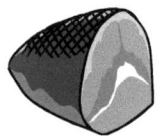

el jamón

šunka

le salami

salama

la salchicha

kobasica

el pollo

kokoš

el asado

pečenje

el pescado

riba

la comida - jelo

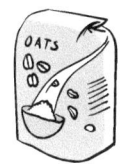

los copos de avena

zobene pahuljice

el muesli

musli

los copos de maíz

kukuruzne pahuljice

la harina

brašno

el cruasán

kroasan

el panecillo

pecivo

el pan

hleb

la tostada

toast

las galletas

keksi

la mantequilla

maslac

la cuajada

sveži sir

el pastel

kolač

el huevo

jaje

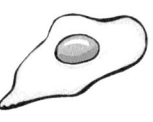

el huevo frito

jaje na oko

el queso

sir

el helado

sladoled

el azúcar

šećer

la miel

med

la mermelada

marmelada

la crema de turrón

nugat krema

el curry

kari

la granja
seosko gazdinstvo

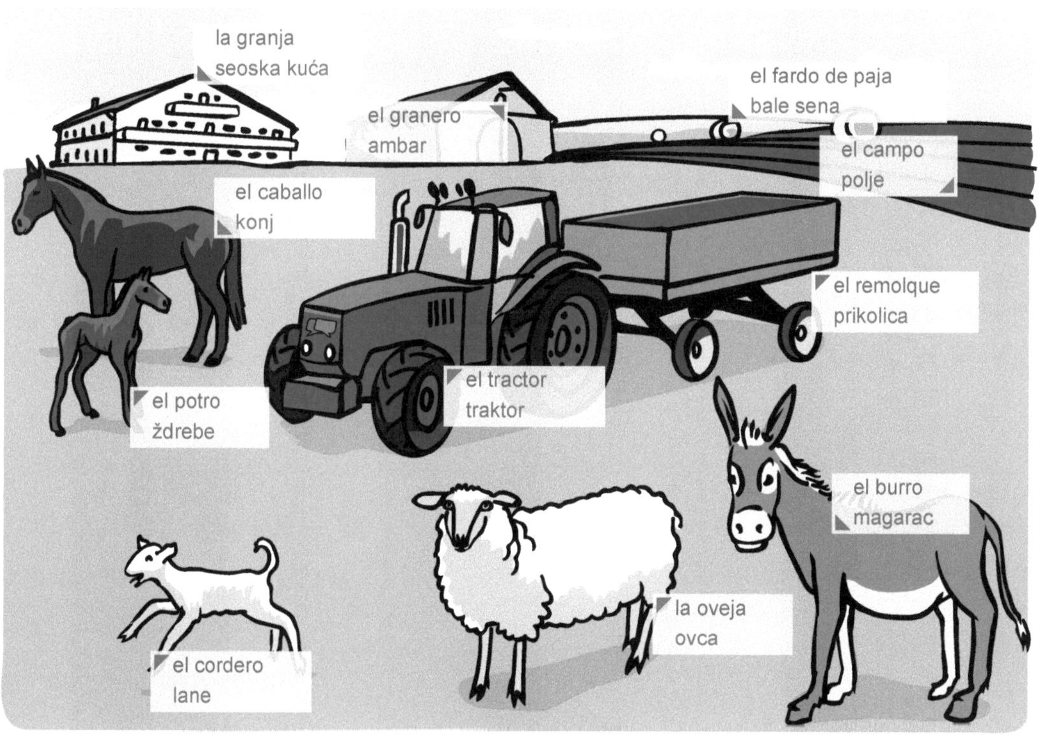

la granja
seoska kuća
el granero
ambar
el fardo de paja
bale sena
el campo
polje
el caballo
konj
el remolque
prikolica
el tractor
traktor
el potro
ždrebe
el burro
magarac
la oveja
ovca
el cordero
lane

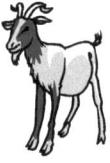

la cabra

koza

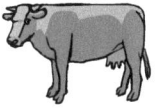

la vaca

krava

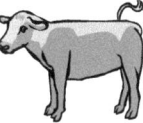

el ternero

tele

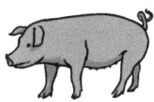

el cerdo

svinja

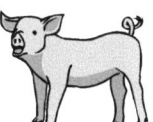

el cerdito

prase

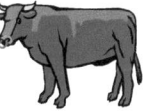

el toro

bik

el ganso

guska

el pato

patka

el pollo

pilići

la gallina

kokoš

el gallo

petao

la rata

pacov

el gato

mačka

el ratón

miš

el buey

vol

el perro

pas

la perrera

kućica za psa

la manguera

vrtno crevo

la regadera

kanta za polivanje

la guadaña

kosa

el arado

plug

la hoz

srp

la azada

motika

la horca

viljuška za đubrivo

el hacha

sekira

la carretilla

tačke

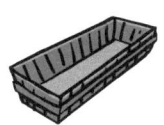

el abrevadero

korito

la lechera

posuda za mleko

el saco

vreća

la valla

ograda

el establo

štala

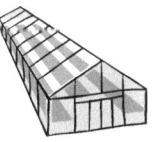

el invernadero

staklenik

el suelo

zemlja

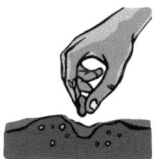

la semilla

seme

el fertilizador

đubrivo

la cosechadora

kombajn

cosechar

žeti

la cosecha

žetva

el ñame

jams začin

el trigo

pšenica

el soja

soja

la patata

krumpir

el maíz

kukuruz

la semilla de colza

uljana repica

el árbol frutal

voćka

la mandioca

gomolj manioke

las cereales

žitarice

la casa
kuća

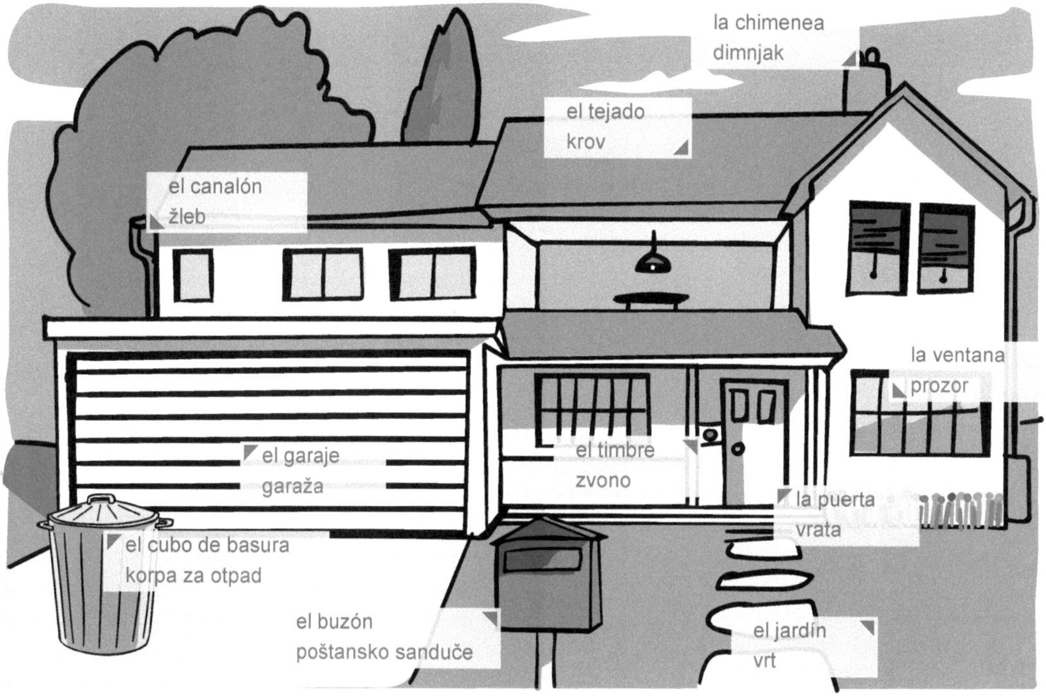
la chimenea
dimnjak
el tejado
krov
el canalón
žleb
la ventana
prozor
el garaje
garaža
el timbre
zvono
la puerta
vrata
el cubo de basura
korpa za otpad
el buzón
poštansko sanduče
el jardín
vrt

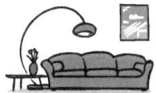

la sala

dnevna soba

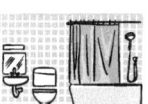

el cuarto de baño

kupaonica

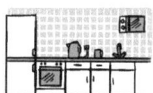

la cocina

kuhinja

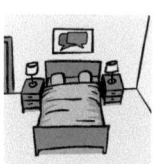

el dormitorio

spavaća soba

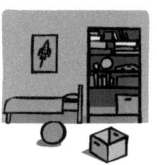

la habitación de los niños

dečija soba

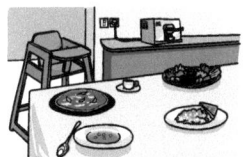

el comedor

trpezarija

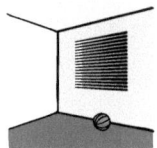

el suelo

pod

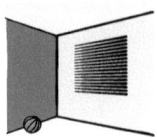

la pared

zid

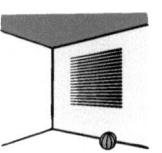

el techo

strop

el sótano

podrum

la sauna

sauna

el balcón

balkon

la terraza

terasa

la piscina

bazen

el cortacésped

kosilica za travu

la sábana

posteljina za krevet

la colcha

deka za krevet

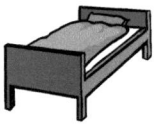

la cama

krevet

la escoba

metla

el balde

kanta

el interruptor

prekidač

la sala
dnevna soba

el papel pintado
tapeta
la imagen
slika
la lámpara
svetiljka
el estante
regal
el armario
ormar
la televisión
televizija
la chimenea
kamin
la flor
cvijet
el cojín
jastuk
el sofá
kauč
el jarrón
vaza
el mando a distancia
daljinski upravljač

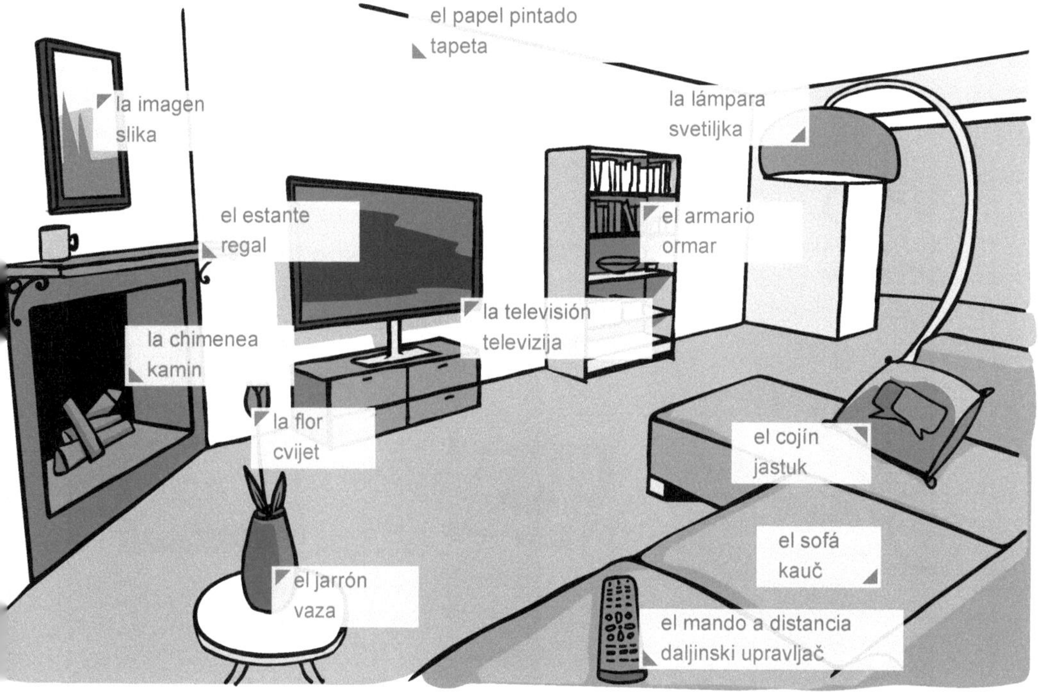

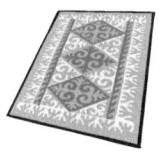

la alfombra

tepih

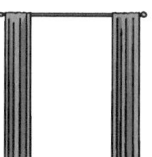

la cortina

zavesa

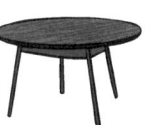

la mesa

sto

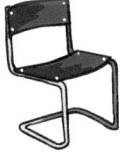

la silla

stolica

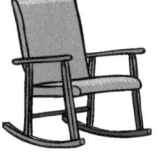

el mecedora

stolica za njihanje

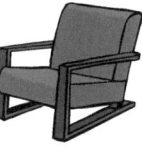

la butaca

fotelja

el libro

knjiga

la manta

deka

la decoración

dekoracija

la leña

drvo za ogrev

la película

film

el equipo de música

hi-fi uređaj

la llave

ključ

el periódico

novine

la pintura

slika na platnu

el póster

poster

la radio

radio

el cuaderno

blok za pisanje

la aspiradora

usisivač

el cactus

kaktus

la vela

sveća

la cocina
kuhinja

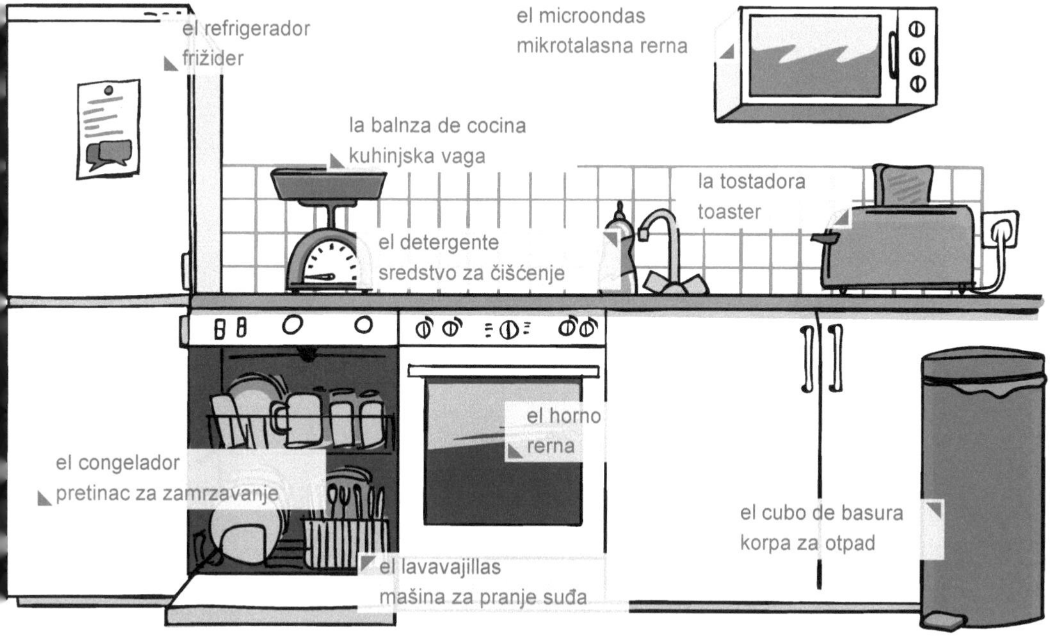
el refrigerador
frižider
el microondas
mikrotalasna rerna
la balnza de cocina
kuhinjska vaga
la tostadora
toaster
el detergente
sredstvo za čišćenje
el horno
rerna
el congelador
pretinac za zamrzavanje
el cubo de basura
korpa za otpad
el lavavajillas
mašina za pranje suđa

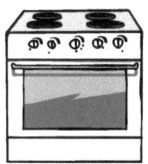

la olla a presión

šporet

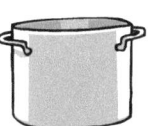

la olla

lonac

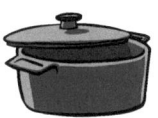

la olla de hierro fundido

gvozdeni lonac

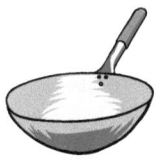

el wok

wok / kadai

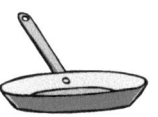

la cazuela

tava

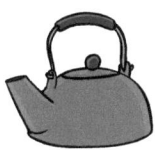

el hervidor

kuvalo za vodu

la vaporera

kuvalo na paru

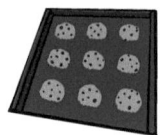

la chapa de horno

lim za pečenje

la vajilla

posuđe

la taza

čaša

el tazón

posuda

los palillos

štapići za jelo

el cucharón

kutlača

la espumadera

lopatica

el batidor

penjača

el colador

sito za kuvanje

el cedazo

sito

el rallador

ribež

el mortero

mužar

la barbacoa

roštilj

la hoguera

ognjište

la tabla de picar

daska

el rodillo

oklagija

el sacacorchos

vadičep

la lata

konzerva

el abrelatas

otvarač konzervi

el agarrador

krpa za lonac

el lavabo

sudoper

el cepillo

četka

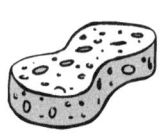

la esponja

sunđer

la batidora

mikser

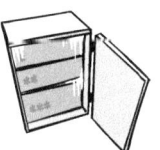

el congelador

zamrzivač

el biberón

flašica za bebe

el grifo

slavina za vodu

el cuarto de baño
kupaonica

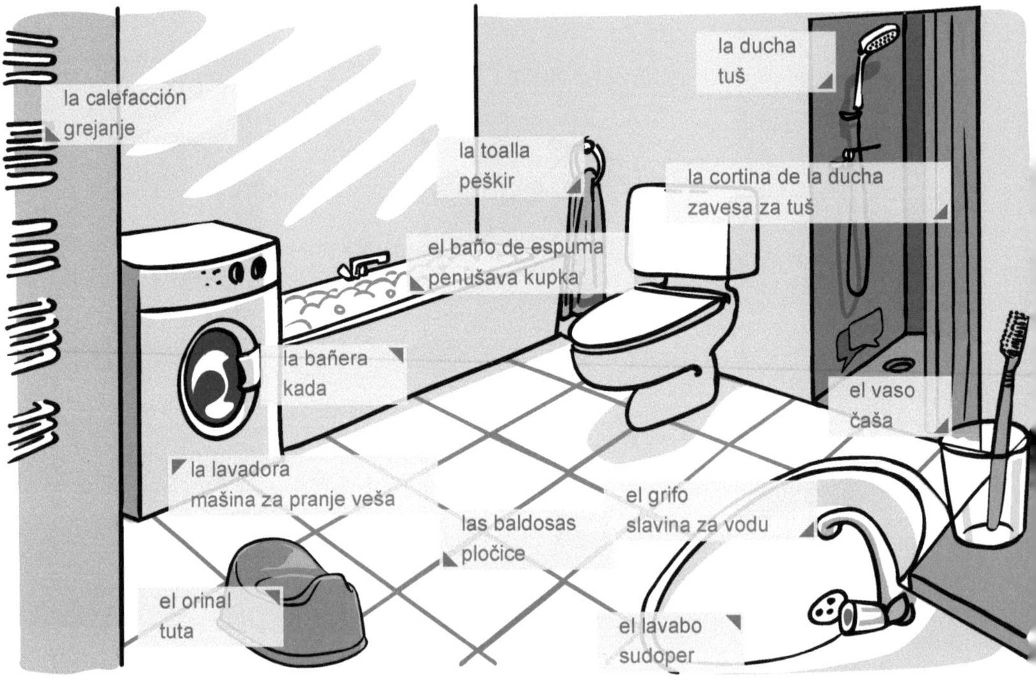
la ducha
tuš
la calefacción
grejanje
la toalla
peškir
la cortina de la ducha
zavesa za tuš
el baño de espuma
penušava kupka
la bañera
kada
el vaso
čaša
la lavadora
mašina za pranje veša
el grifo
slavina za vodu
las baldosas
pločice
el orinal
tuta
el lavabo
sudoper

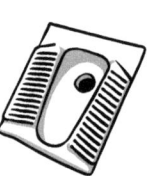

el inodoro
toalet

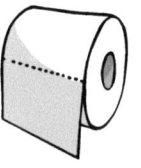

el inodoro rústico
čučavac

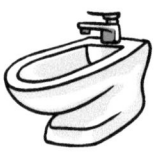

el bidé
bidet

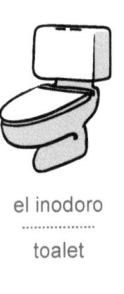

el urinario
pisoar

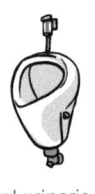

el papel higiénico
toaletni papir

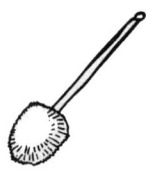

la escobilla del váter
četka za toalet

el cepillo de dientes

četkica za zube

la pasta de dientes

pasta za zube

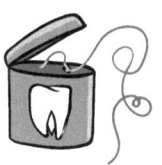

el hilo dental

konac za zube

lavar

prati

la ducha de mano

tuš ručica

la ducha íntima

tuš za pranje intimnih delova

la pila

lavor

el cepillo de espalda

četka za pranje leđa

el jabón

sapun

el gel de ducha

gel za tuširanje

el champú

šampon

la toallita

krpa za pranje

el desagüe

odvod

la crema

krema

el desodorante

dezodorans

el espejo

ogledalo

el espejo de tocador

kozmetičko ogledalo

la maquinilla de afeitar

brijač

la espuma de afeitar

pena za brijanje

la loción postafeitado

losion za posle brijanja

el peine

češalj

el cepillo

četka

el secador

fen za kosu

la laca

sprej za kosu

el maquillaje

makeup

el pintalabios

ruž za usne

el pintauñas

lak za nokte

el algodón

vata

el cortauñas

makaze za nokte

el perfume

parfem

el estuche de viaje

kozmetička torbica

la banqueta

stolica

la balanza

vaga

el albornoz

ogrtač

los guantes de goma

rukavice za čišćenje

el tampón

tampon

la compresa

uložak

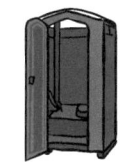

el inodoro químico

hemijski toalet

la habitación de los niños

dečija soba

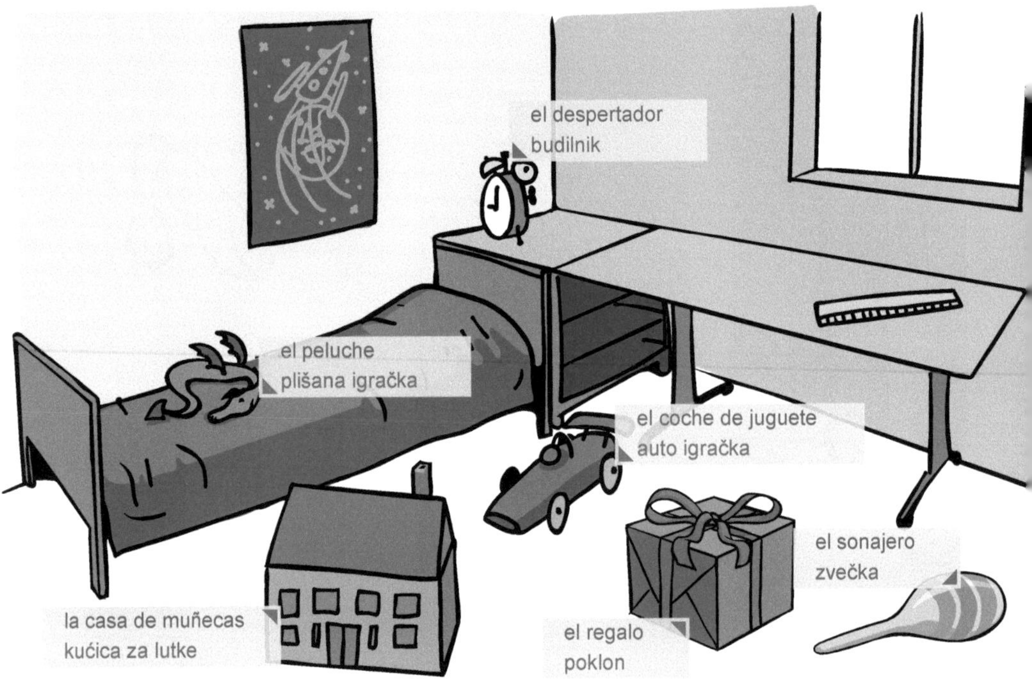
el despertador
budilnik
el peluche
plišana igračka
el coche de juguete
auto igračka
el sonajero
zvečka
la casa de muñecas
kućica za lutke
el regalo
poklon

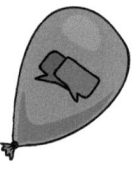

el globo

balon

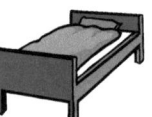

la cama

krevet

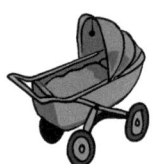

el coche de niño

dječija kolica

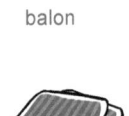

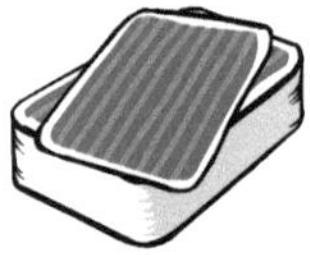

los naipes

igra s kartama

el puzle

slagalica

SUPER MEGA

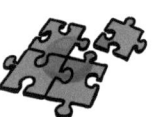

el tebeo

strip

las piezas de lego

lego kockice

los bloques de juguete

kockice za slaganje

la figura de acción

akcioni junak

el bodi (de bebé)

benkica za bebe

el frisbee

frizbi

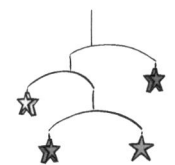

el colgador móvil para bebés

viseće igračke

el juego de mesa

društvene igre

los dados

kocka

el circuito de tren eléctrico

minijaturna željeznica

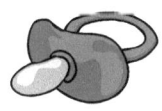

el maniquí

duda

la fiesta

zabava

el álbum de fotos

slikovnica

la pelota

lopta

la muñeca

lutka

jugar

igrati

el cajón de arena

pješčanik

el columpio

ljuljačka

los juguetes

igračka

la videoconsola

konzola za igre

el triciclo

tricikl

el oso de peluche

tedi

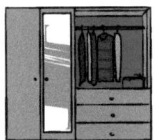

la guardarropa

ormar

la ropa

odeća

los calcetines

kratke čarape

las medias

čarape

los leotardos

hulahopke

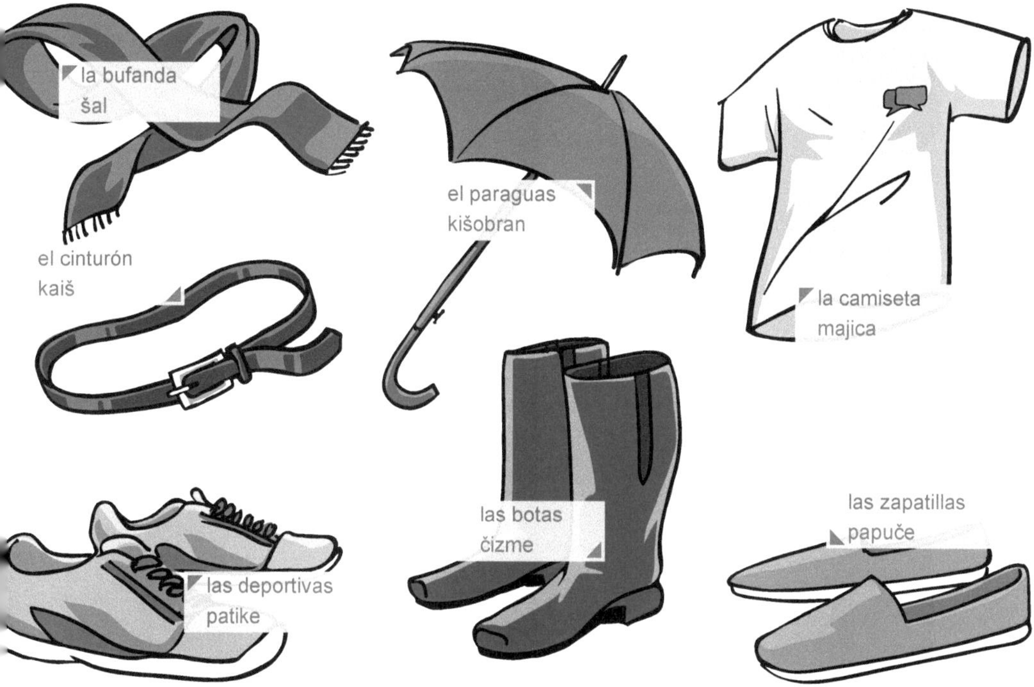

la bufanda
šal

el cinturón
kaiš

el paraguas
kišobran

la camiseta
majica

las botas
čizme

las zapatillas
papuče

las deportivas
patike

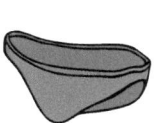

las sandalias
sandale

los zapatos
cipele

las botas de goma
gumene čizme

el slip
gaćice

el sostén
grudnjak

el chaleco
potkošulja

el bodi

bodi

los pantalones cortos

pantalone

los vaqueros

farmerke

la falda

suknja

la blusa

bluza

la camisa

košulja

el jersey

džemper

el suéter

džemper s kapuljačom

el blazer

sako

la chaqueta

jakna

el abrigo

kaput

la gabardina

kabanica

el traje

kostim

el vestido

haljina

el vestido de novia

venčanica

la ropa - odeća

el traje

odelo

el camisón

spavaćica

el pijama

pidžama

el sati

sari

el bandana

marama za glavu

el turbante

turban

la burka

burka

el caftán

kaftan

la abaya

abaja

el traje de baño

kupaći kostim

el bañador

kupaće gaćice

los pantalones cortos

kratke pantalone

el chándal

odeća za trening

el delantal

kecelja

los guantes

rukavice

la ropa - odeća

el botón

dugme

las gafas

naočare

el brazalete

narukvica

el collar

ogrlica

el anillo

prsten

el pendiente

naušnica

la gorra

kapa

la percha

vešalica

el sombrero

šešir

la corbata

kravata

la cremallera

patent zatvarač

el casco

kaciga

los tirantes

naramenice

el uniforme

školska uniforma

el uniforme

uniforma

el babero

podbradak

el maniquí

duda

el pañal

pelena

la oficina

kancelarija

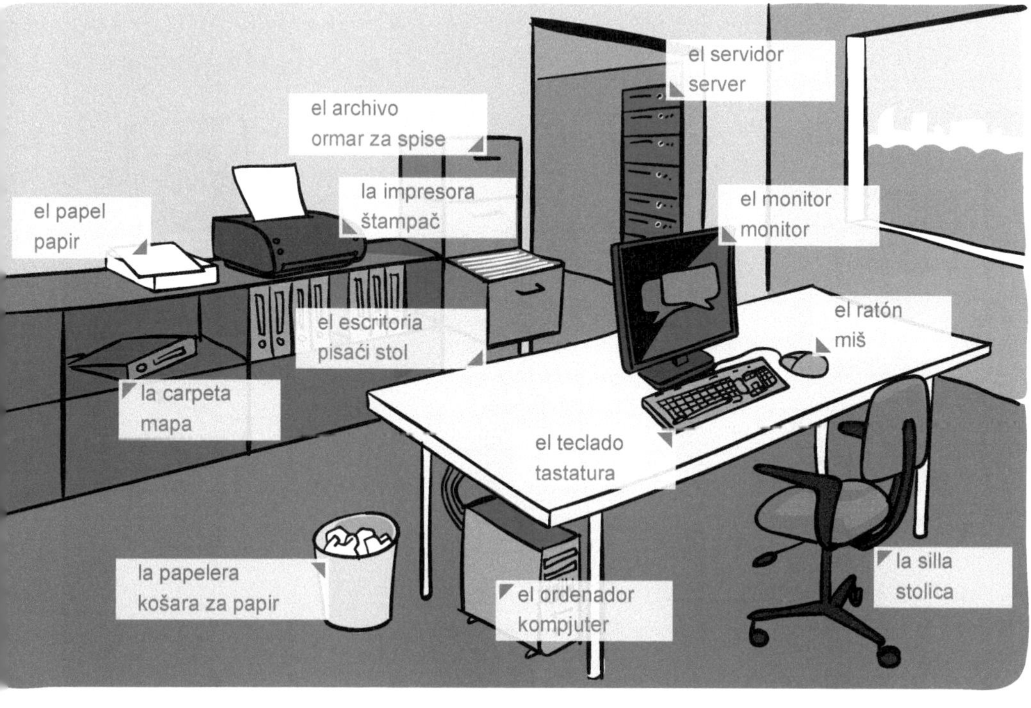

el servidor
server

el archivo
ormar za spise

la impresora
štampač

el papel
papir

el monitor
monitor

el escritoria
pisaći stol

el ratón
miš

la carpeta
mapa

el teclado
tastatura

la papelera
košara za papir

el ordenador
kompjuter

la silla
stolica

la taza de café

šalica za kavu

la calculadora

kalkulator

el internet

internet

el portátil

laptop

la carta

pismo

el mensaje

poruka

el móvil

mobilni telefon

la red

mreža

la fotocopiadora

uređaj za kopiranje

el software

softver

el teléfono

telefon

la toma de corriente

utičnica

el fax

faks

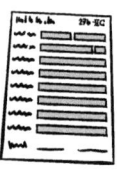

el formulario

formular

el documento

dokument

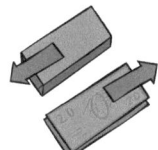

comprar

kupovati

pagar

platiti

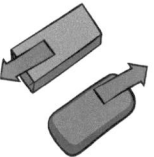

comerciar

trgovati

el dinero

novac

el dólar

dolar

el euro

evro

el yen

jen

el rublo

rublja

el franco suizo

švajcarski franak

el renminbi yuan

renmindbi juan

la rupia

rupija

el cajero automático

automat za novac

la oficina de cambio de divisas

menjačnica

el oro

zlato

la plata

srebro

el petróleo

nafta

la energía

energija

el precio

cena

el contrato

ugovor

el impuesto

porez

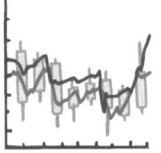

la acción

deonica

trabajar

raditi

el empleador

službenik

el empleador

poslodavac

la fábrica

fabrika

la tienda de campaña

prodavnica

los oficios
zanimanja

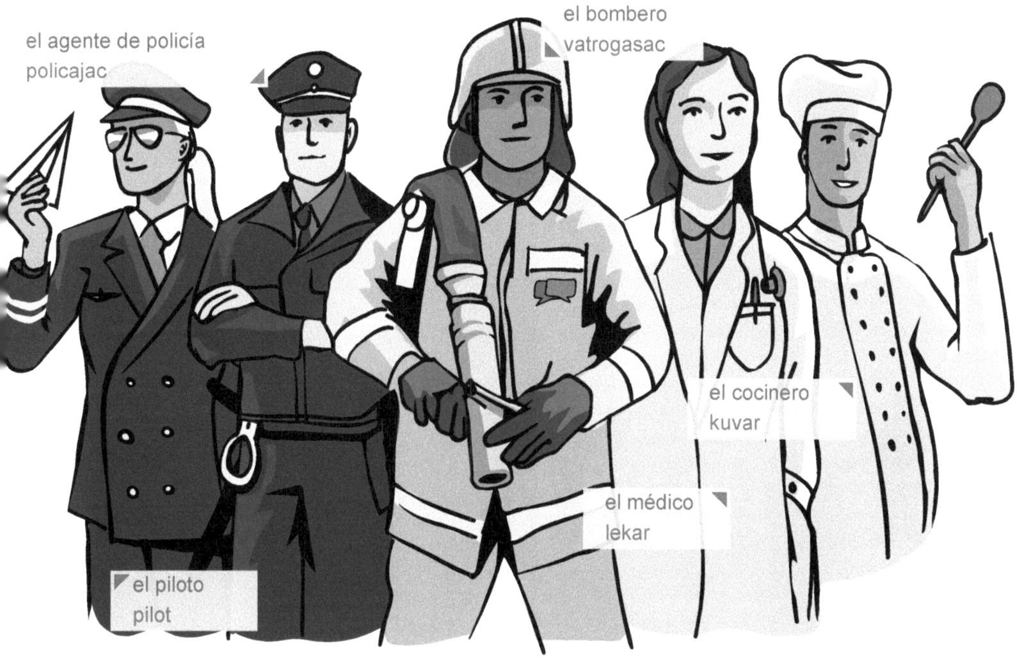
el agente de policía
policajac
el bombero
vatrogasac
el cocinero
kuvar
el médico
lekar
el piloto
pilot

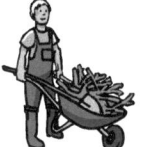

el jardinero

vrtlar

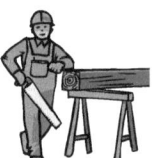

el carpintero

stolar

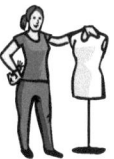

la costurera

krojačica

el juez

sudija

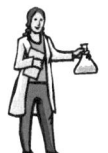

el farmacéutico

hemičar

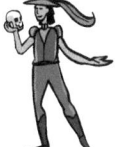

el actor

glumac

el conductor de autobús

vozač autobusa

el taxista

vozač taksija

el pescador

ribar

la señora de la limpieza

čistačica

el techador

krovopokrivač

el camarero

konobar

el cazador

lovac

el pintor

slikar

el panadero

pekar

el electricista

električar

el obrero

građevinski radnik

el ingeniero

inženjer

el carnicero

mesar

el fontanero

limar

el cartero

poštar

el soldado

vojnik

el arquitecto

arhitekta

el cajero

blagajnik

el florista

cvećar

el peluquero

frizer

el revisor

kondukter

el mecánico

mehaničar

el capitán

kapetan

el dentista

zubar

el científico

naučnik

el rabino

rabi

el imán

imam

el monje

monah

el sacerdote

svećenik

las herramientas

alati

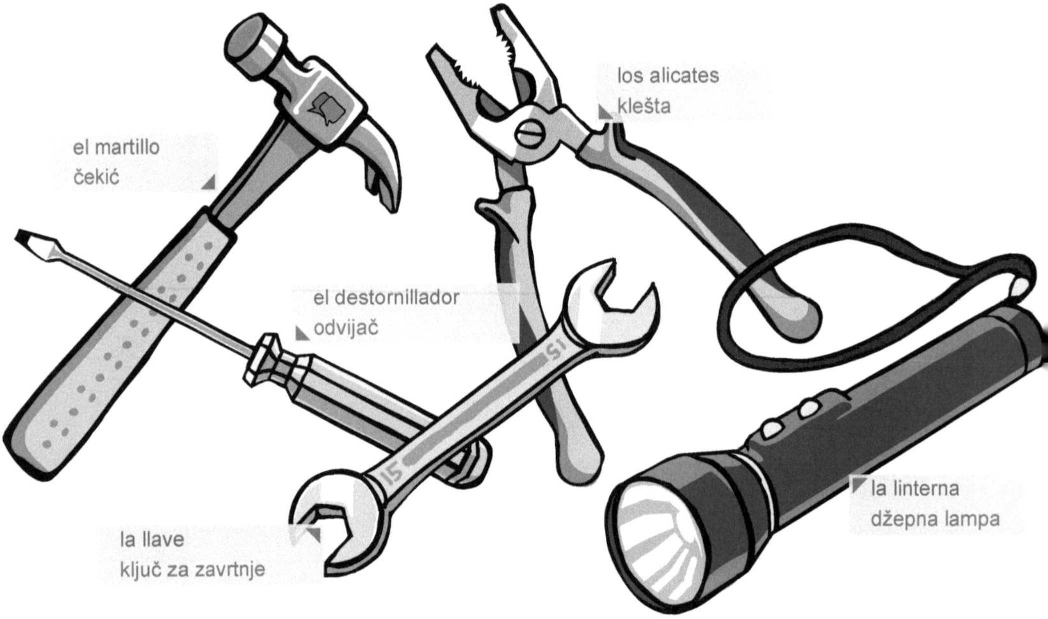

el martillo
čekić
los alicates
klešta
el destornillador
odvijač
la llave
ključ za zavrtnje
la linterna
džepna lampa

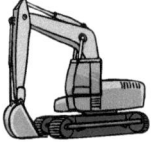

la excavadora

bager

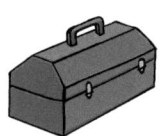

la caja de herramientas

kutija za alat

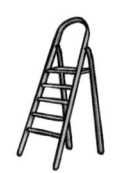

la escalera de mano

merdevine

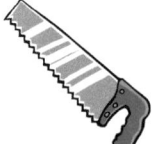

la sierra

pila

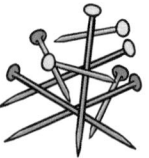

los clavos

ekser

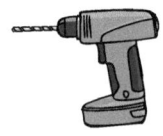

el taladro

bušilica

reparar

popraviti

la pala

lopata

¡Maldita sea!

do đavola!

el recogedor

lopatica

el bote de pintura

lonac za boju

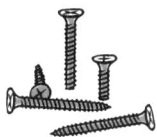

los tornillos

zavrtanji

los instrumentos musicales
muzički instrument

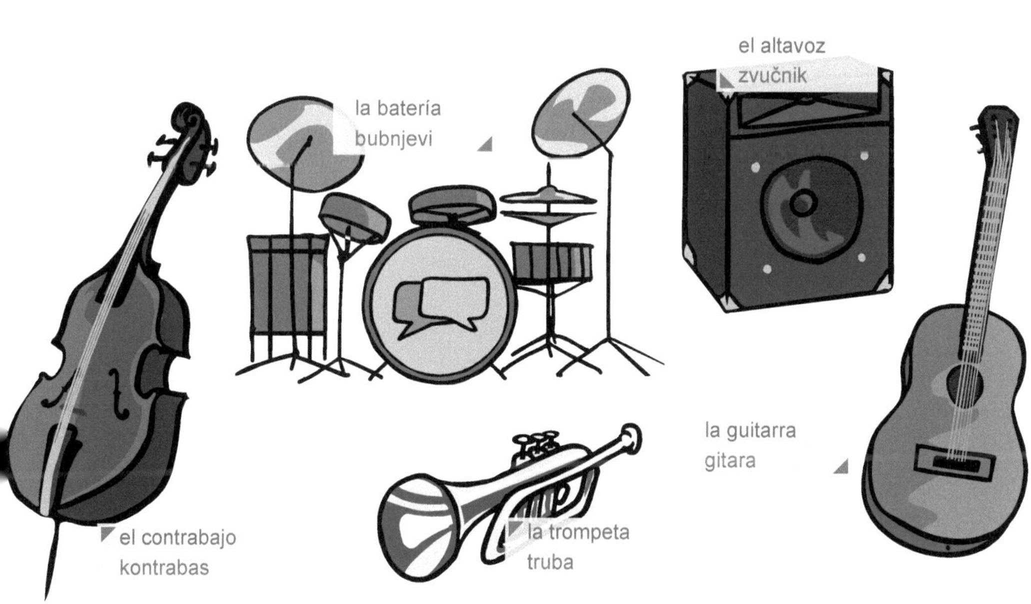

el altavoz
zvučnik

la batería
bubnjevi

la guitarra
gitara

el contrabajo
kontrabas

la trompeta
truba

el piano

klavir

el violín

violina

bajo

bas

los timbales

timpani

el tambor

udaraljke za bubnjeve

el teclado

tipke klavira

el saxofón

saksofon

la flauta

flauta

el micrófono

mikrofon

el zoo
zoološki vrt

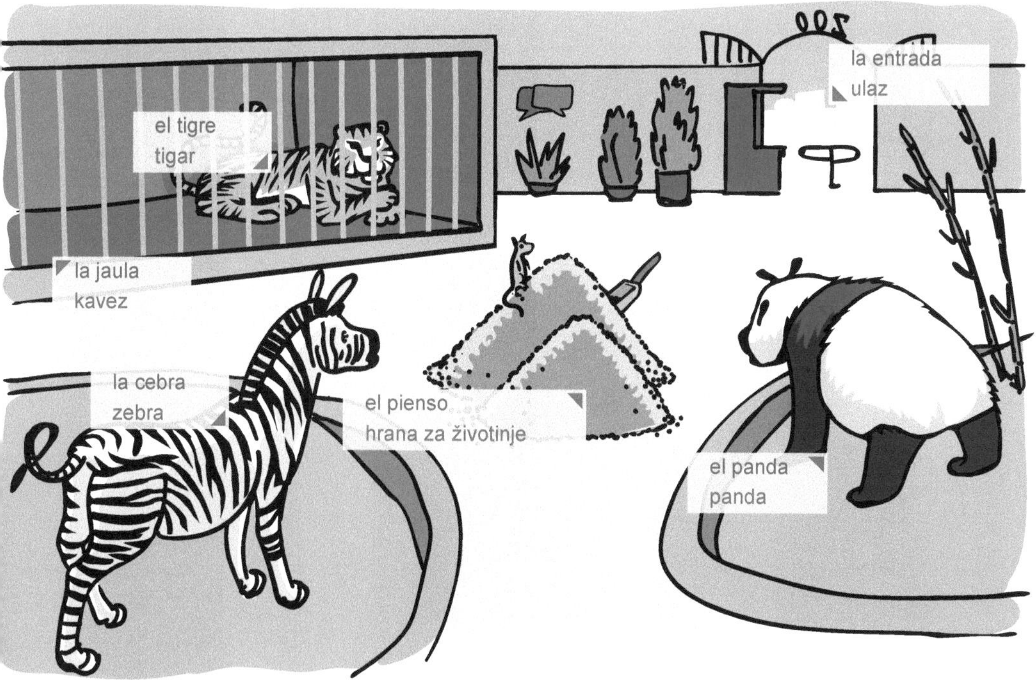
zoo
la entrada
ulaz
el tigre
tigar
la jaula
kavez
la cebra
zebra
el pienso
hrana za životinje
el panda
panda

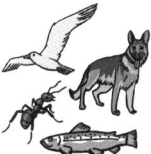

los animales

životinje

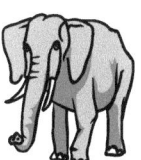

el elefante

slon

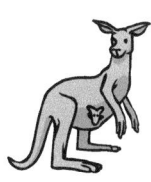

el canguro

kengur

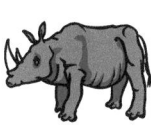

el rinoceronte

nosorog

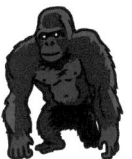

el gorila

gorila

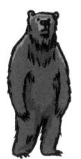

el oso

medved

el camello

kamila

el avestruz

noj

el león

lav

el mono

majmun

el flamingo

flamingo

el loro

papagaj

el oso polar

polarni medved

el pingüino

pingvin

el tiburón

ajkula

el pavo real

paun

la serpiente

zmija

el cocodrilo

krokodil

el guardián de zoológico

čuvar u zoološkom vrtu

la foca

tuljan

el jaguar

jaguar

el poni

poni

el leopardo

leopard

el hipopótamo

nilski konj

la jirafa

žirafa

el águila

orao

el jabalí

divlja svinja

el pescado

riba

la tortuga

kornjača

la morsa

morž

el zorro

lisica

la gacela

gazela

el zoo - zoološki vrt

el fútbol americano
američki nogomet

el ciclismo
biciklizam

el tenis
tenis

el baloncesto
košarka

la natación
plivanje

el boxeo
boks

el hockey sobre hielo
hokej na ledu

el fútbol
fudbal

el bádminton
badminton

el atletismo
atletika

el balonmano
rukomet

el esquí
skijanje

el polo
polo

saltar
skočiti

abrazar
zagrliti

reír
smejati se

caminar
ići

cantar
pevati

rezar
moliti se

besar
poljubiti

soñar
sanjati

escribir
pisati

dibujar
crtati

mostrar
pokazati

empujar
gurati

dar
dati

tomar
uzeti

tener

imati

hacer

činiti

ser

biti

estar de pie

stojati

correr

trčati

tirar

povlačiti

tirar

baciti

caer

padati

yacer

ležati

esperar

čekati

llevar

nositi

estar sentado

sediti

vestirse

oblačiti

dormir

spavati

despertar

probuditi se

mirar

gledati

llorar

plakati

acariciar

milovati

peinar

češljati

hablar

govoriti

entender

razumeti

preguntar

pitati

escuchar

slušati

beber

piti

comer

jesti

ordenar

pospremiti

amar

voleti

cocinar

kuhati

conducir

voziti

volar

leteti

navegar

ploviti

calcular

računati

leer

čitati

aprender

učiti

trabajar

raditi

casarse

venčati se

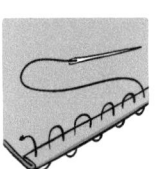

coser

šiti

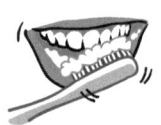

cepillarse los dientes

prati zube

matar

ubiti

fumar

pušiti

enviar

poslati

la familia
porodica

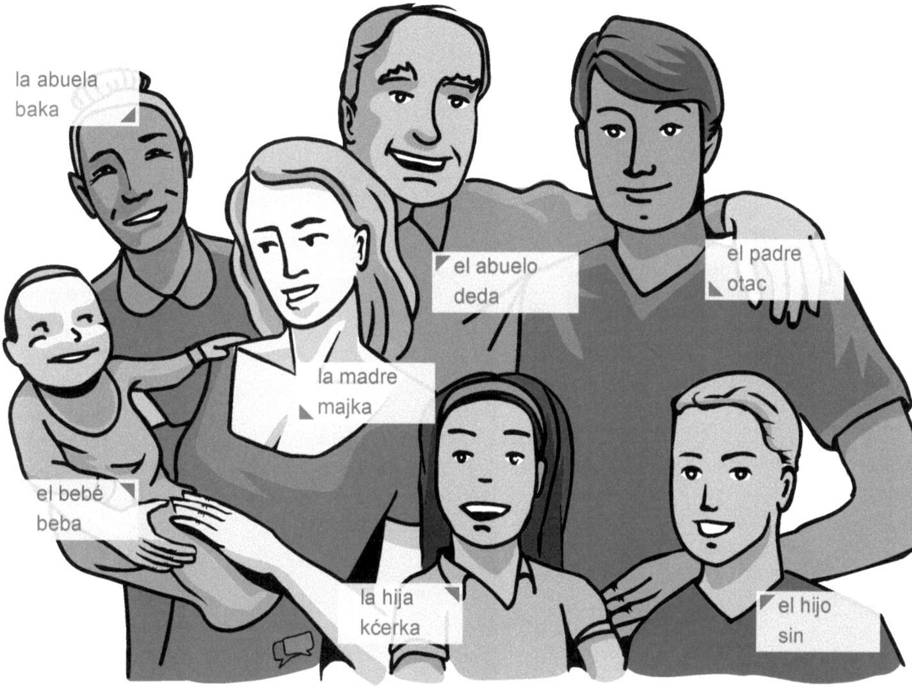

la abuela
baka
el abuelo
deda
el padre
otac
la madre
majka
el bebé
beba
la hija
kćerka
el hijo
sin

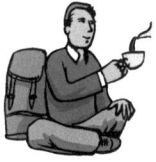

el invitado

gost

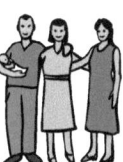

la tía

tetka

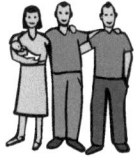

el tío

ujak, stric

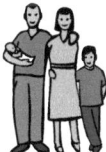

el hermano

brat

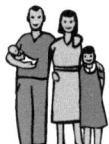

la hermana

sestra

el cuerpo

telo

la frente
čelo
el ojo
oko
el hombro
rame
el dedo
prst
la cara
lice
la barbilla
brada
la mano
ruka
la pierna
noga
el pecho
grudi
el brazo
ruka

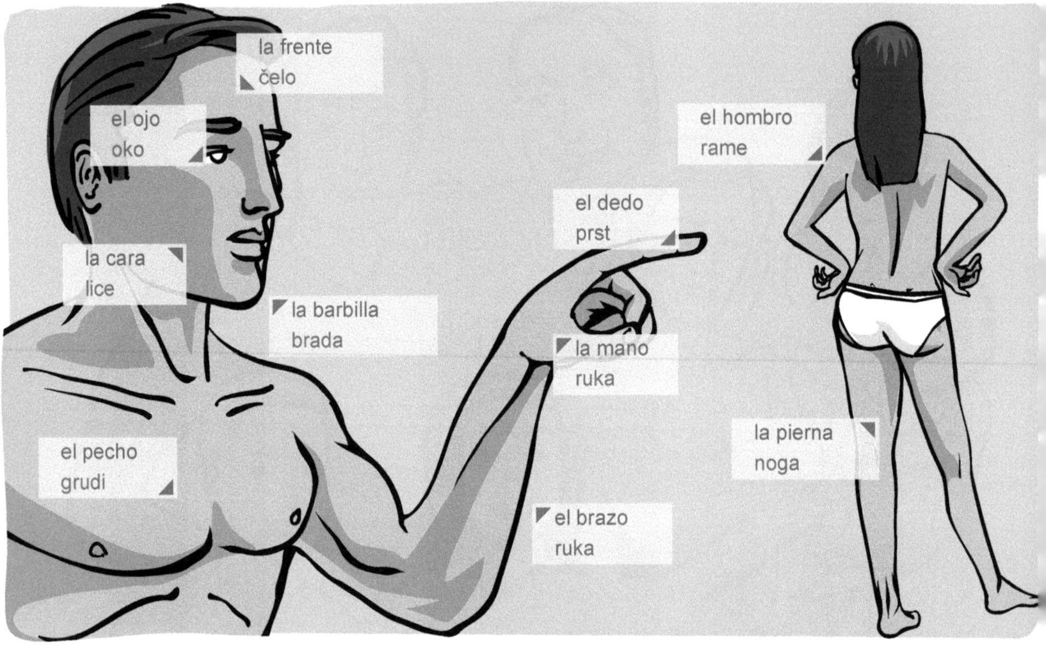

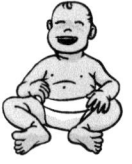

el bebé

beba

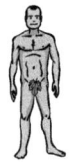

el hombre

muškarac

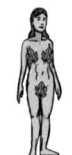

la mujer

žena

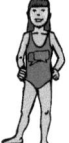

la chica

devojčica

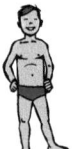

el chico

dečak

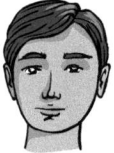

la cabeza

glava

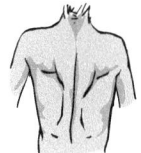

la espalda

leđa

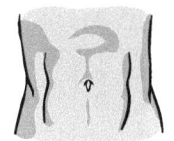

el vientre

stomak

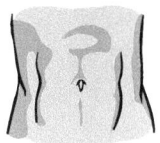

el ombligo

pupak

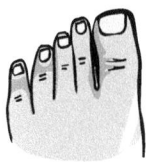

el dedo del pie

nožni prst

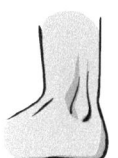

el talón

peta

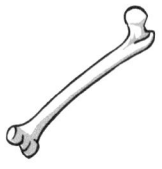

el hueso

kost

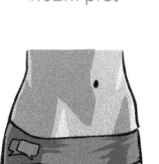

la cadera

kukovi

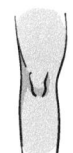

la rodilla

koleno

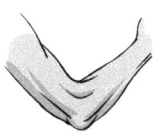

el codo

lakat

la nariz

nos

el trasero

zadnjica

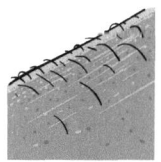

la piel

koža

la mejilla

obraz

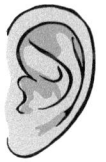

el oído

uvo

el labio

usna

la boca
usta

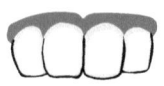

el diente
zub

la lengua
jezik

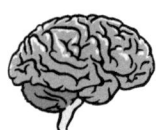

el cerebro
mozak

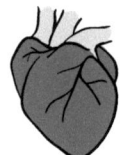

el corazón
srce

el músculo
mišić

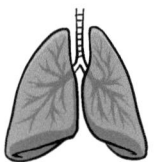

el pulmón
pluća

el hígado
jetra

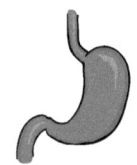

el estómago
želudac

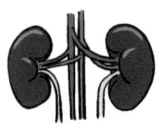

los riñones
bubrezi

el sexo
polni odnos

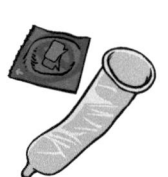

el condón
kondom

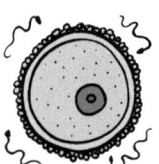

el ovario
jajna ćelija

el semen
sperma

el embarazo
trudnoća

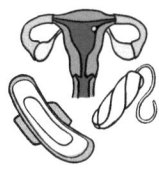

la menstruación

menstruacija

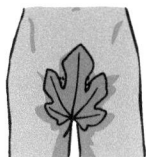

la vagina

vagina

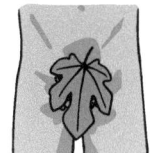

el pene

penis

la ceja

obrva

el pelo

kosa

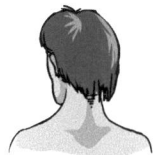

el cuello

vrat

el hospital
bolnica

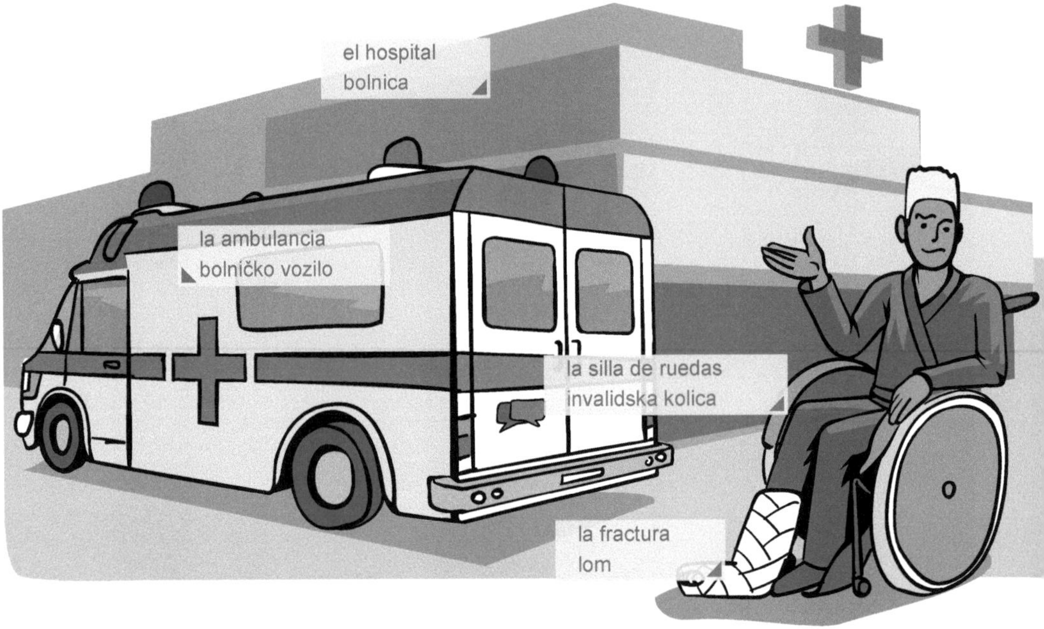

el hospital
bolnica
la ambulancia
bolničko vozilo
la silla de ruedas
invalidska kolica
la fractura
lom

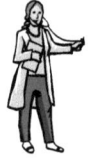

el médico

lekar

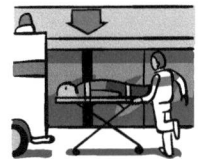

la sala de urgencias

hitna medicinska služba

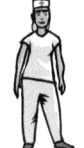

la enfermera

medicinska sestra

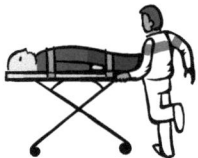

la urgencia

hitni slučaj

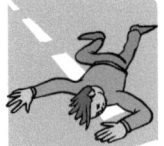

inconsciente

nesvest

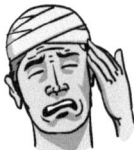

el dolor

bol

la lesión

povreda

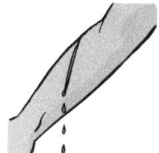

la hemorragia

krvarenje

el infarto

srčani udar

el ictus

udar

la alergia

alergija

la tos

kašalj

la fiebre

groznica

la gripe

gripa

la diarrea

proliv

el dolor de cabeza

glavobolja

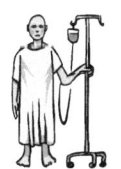

el cáncer

rak

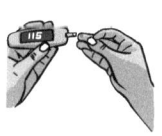

la diabetes

dijabetes

el cirujano

hirurg

el bisturí

skalpel

la operación

operacija

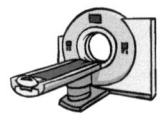

TAC

ct

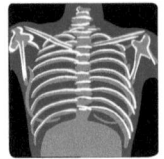

los rayos x

rentgen

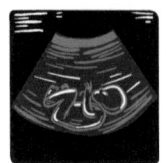

el ultrasonido

ultrazvuk

la mascarilla

maska

la enfermedad

bolest

la sala de espera

čekaona

la muleta

štaka

la tirita

flaster

la venda

zavoj

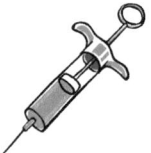

la inyección

injekcija

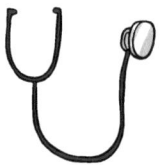

el estetoscopio

stetoskop

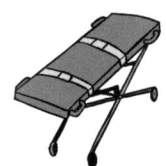

la camilla

nosila

el termómetro

termometar

el nacimiento

rođenje

el sobrepeso

prekomerna težina

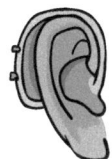

el audífono

slušni aparat

el desinfectante

sredstvo za dezinfekciju

la infección

infekcija

el virus

virus

VIH / SIDA

HIV / AIDS

la medicina

medicina

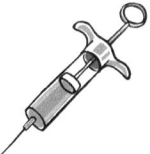

la vacunación

vakcinacija

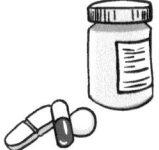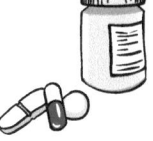

las tabletas

tablete

la pastilla

pilula

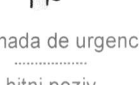

la llamada de urgencia

hitni poziv

el tensiómetro

uređaj za merenje pritiska

enfermo / sano

bolesno / zdravo

¡Socorro!

pomoć!

la alarma

alarm

el asalto

nasrtaj

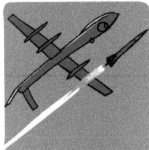

el ataque

napad

el peligro

opasnost

la salida de emergencia

izlaz u slučaju nužde

¡Fuego!

požar!

el extintor de incendios

protivpožarni aparat

el accidente

nezgoda

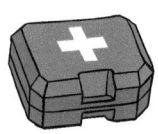

el botiquín de primeros
auxilios

kutija prve pomoći

SOS

sos

la policía

policija

Europa

Evropa

Norteamérica

Severna Amerika

Sudamérica

Južna Amerika

África

Afrika

Asia

Azija

Australia

Australija

el atlántico

Atlantik

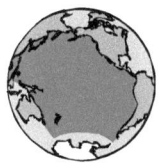

el Pacífico

Pacifik

el Océano Índico

Indijski okean

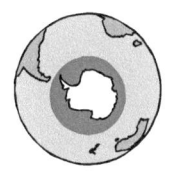

el Océano Antártico

Antarktički okean

el Océano Ártico

Arktički ocean

el polo norte

Severni pol

el polo sur

Južni pol

La Antártida

Antarktik

la tierra

zemlja

la tierra

zemlja

el mar

more

la isla

otok

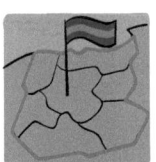

la nación

nacija

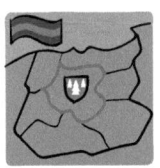

el estado

država

la esfera

brojčanik sata

la manecilla de las horas

satna kazaljka

el minutero

minutna kazaljka

el segundero

sekundna kazaljka

¿Qué hora es?

Koliko je sati?

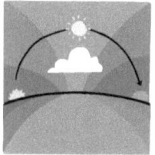

el día

dan

el tiempo

vreme

ahora

sada

el reloj digital

digitalni sat

el minuto

minuta

la hora

čas

la semana
sedmica

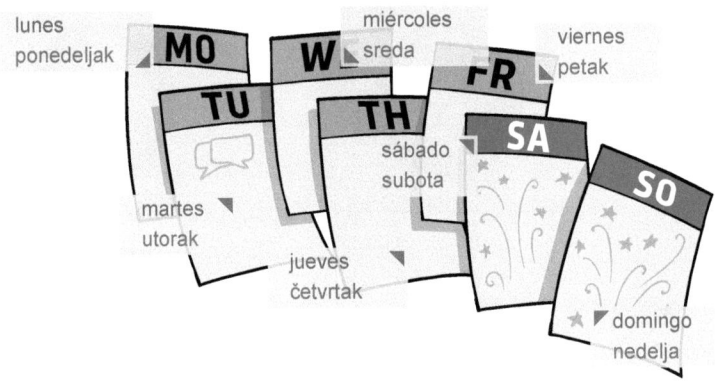

lunes
ponedeljak

miércoles
sreda

viernes
petak

martes
utorak

jueves
četvrtak

sábado
subota

domingo
nedelja

ayer

juče

hoy

danas

mañana

sutra

la mañana

jutro

el mediodía

podne

la tarde

veče

MO	TU	WE	TH	FR	SA	SU
1	2	3	4	5	6	7
8	9	10	11	12	13	14
15	16	17	18	19	20	21
22	23	24	25	26	27	28
29	30	31	1	2	3	4

los días laborables

radni dani

MO	TU	WE	TH	FR	SA	SU
1	2	3	4	5	6	7
8	9	10	11	12	13	14
15	16	17	18	19	20	21
22	23	24	25	26	27	28
29	30	31	1	2	3	4

el fin de semana

vikend

la lluvia
kiša

el arcoíris
duga

la nieve
sneg

el viento
vetar

la primavera
proleće

el otoño
jesen

el verano
leto

el invierno
zima

4.APRIL	11°	☀
5.APRIL	4°	🌧
6.APRIL	13°	🌧
7.APRIL	8°	☀
8.APRIL	10°	☀

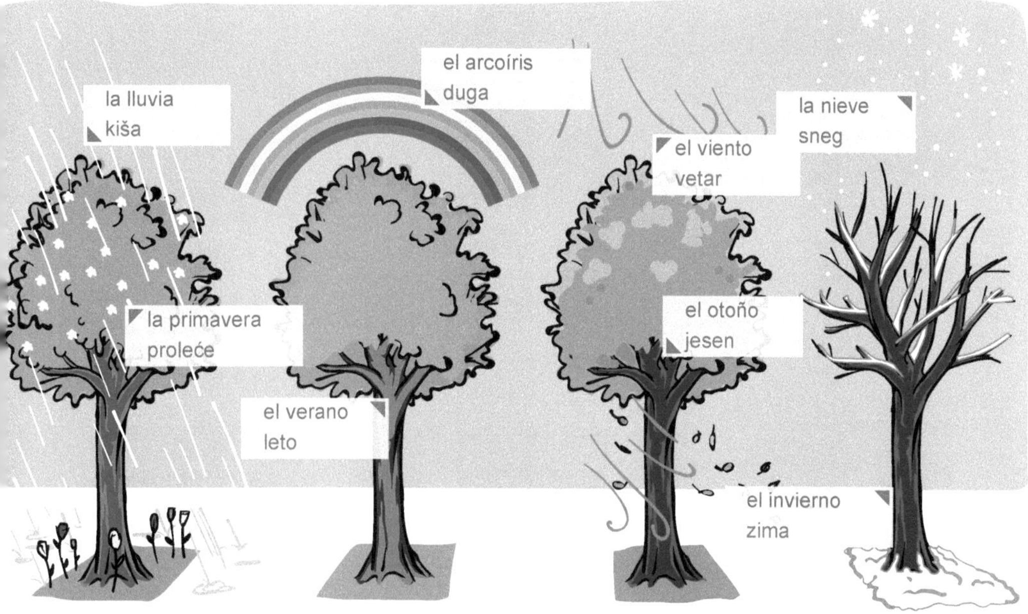

el pronóstico del tiempo

meteorološka prognoza

el termómetro

termometar

el sol

sunčana svetlost

la nube

oblak

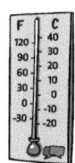

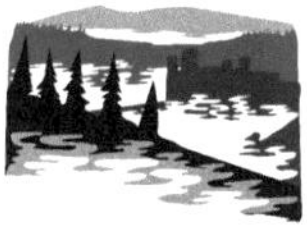

la niebla

magla

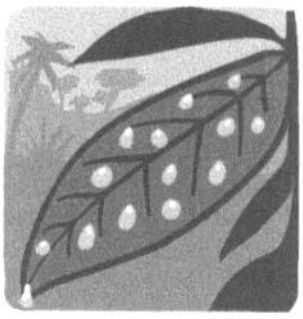

la humedad

vlažnost vazduha

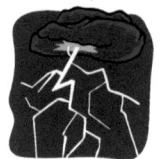

el rayo

munja

el trueno

grmljavina

la tormenta

oluja

el granizo

tuča

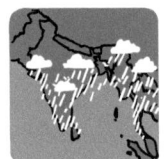

el monzón

monsun

la inundación

poplava

el hielo

led

enero

januar

febrero

februar

marzo

mart

abril

april

mayo

maj

junio

juni

julio

juli

agosto

avgust

septiembre
....
septembar

octubre
....
oktobar

noviembre
....
novembar

diciembre
....
decembar

las formas
oblici

el círculo
....
krug

el cuadrado
....
kvadrat

el rectángulo
....
pravougao

el triángulo
....
trougao

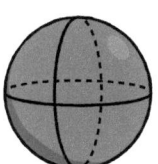

la esfera
....
kugla

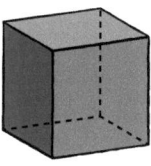

el cubo
....
kocka

blanco
bela

amarillo
žuta

anaranjado
narandžasta

rosa
ružičasta

rojo
crvena

morado
ljubičasta

azul
plava

verde
zelena

marrón
smeđa

gris
siva

negro
crna

mucho / poco

mnogo / malo

enojado / tranquilo

ljutito / mirno

bonito / feo

lepo / ružno

principio / fin

početak / kraj

grande / pequeño

veliko / maleno

claro / oscuro

svetlo / tamno

el hermano / la hermana

brat / sestra

limpio / sucio

čisto / prljavo

completo / incompleto

potpuno / nepotpuno

el día / la noche

dan / noć

muerto / vivo

mrtvo / živo

ancho / estrecho

široko / usko

comestible / no comestible

jestivo / nejestivo

malo / amable

zlo / dobro

entusiasmado / aburrido

uzbuđeno / dosadno

gordo / delgado

debelo / mršavo

primero / último

na početku / na kraju

el amigo / el enemigo

prijatelj / neprijatelj

lleno / vacío

puno / prazno

duro / blando

tvrdo / mekano

pesado / ligero

teško / lagano

el hambre / la sed

glad / žeđ

enfermo / sano

bolesno / zdravo

ilegal / legal

ilegalno / legalno

inteligente / tonto

pametno / glupo

izquierda / derecha

levo / desno

cerca / lejos

blizu / daleko

los opuestos - suprotnosti

nuevo / usado

novo / polovno

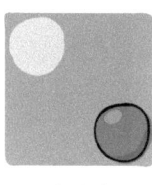

nada / algo

ništa / nešto

viejo / joven

staro / mlado

encendido / apagado

uključeno / isključeno

abierto / cerrado

otvoreno / zatvoreno

silencioso / ruidoso

tiho / glasno

rico / pobre

bogato / siromašno

correcto / incorrecto

tačno / pogrešno

áspero / suave

hrapavo / glatko

triste / contento

tužno / sretno

corto / largo

kratko / dugo

lento / rápido

polako / brzo

húmedo / seco

mokro / suho

cálido / frío

toplo / hladno

guerra / paz

rat / mir

0

cero

nula

1

uno

jedan

2

dos

dva

3

tres

tri

4

cuatro

četiri

5

cinco

pet

6

seis

šest

7

siete

sedam

8

ocho

osam

9

nueve

devet

10

diez

deset

11

once

jedanaest

12

doce

dvanaest

13

trece

trinaest

14

catorce

četrnaest

15

quince

petnaest

16

dieciséis

šestnaest

17

diecisiete

sedamnaest

18

dieciocho

osamnaest

19

diecinueve

devetnaest

20

veinte

dvadeset

100

cien

stotinu

1.000

mil

hiljadu

1.000.000

el millón

milion

el inglés
....
engleski

el inglés americano
....
američki engleski

el chino madarín
....
mandarinski kineski

el hindi
....
hindski

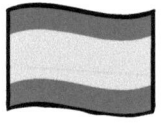

el español
....
španski

el francés
....
francuski

el árabe
....
arapski

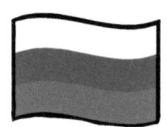

el ruso
....
ruski

el portugués
....
portugalski

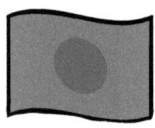

el bengalí
....
bengalski

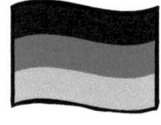

el alemán
....
nemački

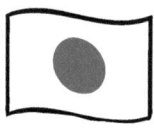

el japonés
....
japanski

yo

ja

tú

ti

él / ella / ello

on / ona / ono

nosotros/as

mi

vosotros/as

vi

ellos/as

oni

¿quién?

Ko?

¿qué?

Šta?

¿cómo?

Kako?

¿dónde?

Gde?

¿cuándo?

Kada?

el nombre

ime

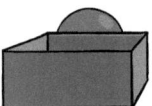

detrás

iza

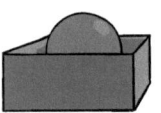

en

u

delante de

ispred

por encima de

preko

sobre

na

debajo de

ispod

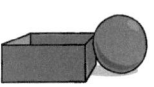

junto a

pored

entre

između

el lugar

mesto